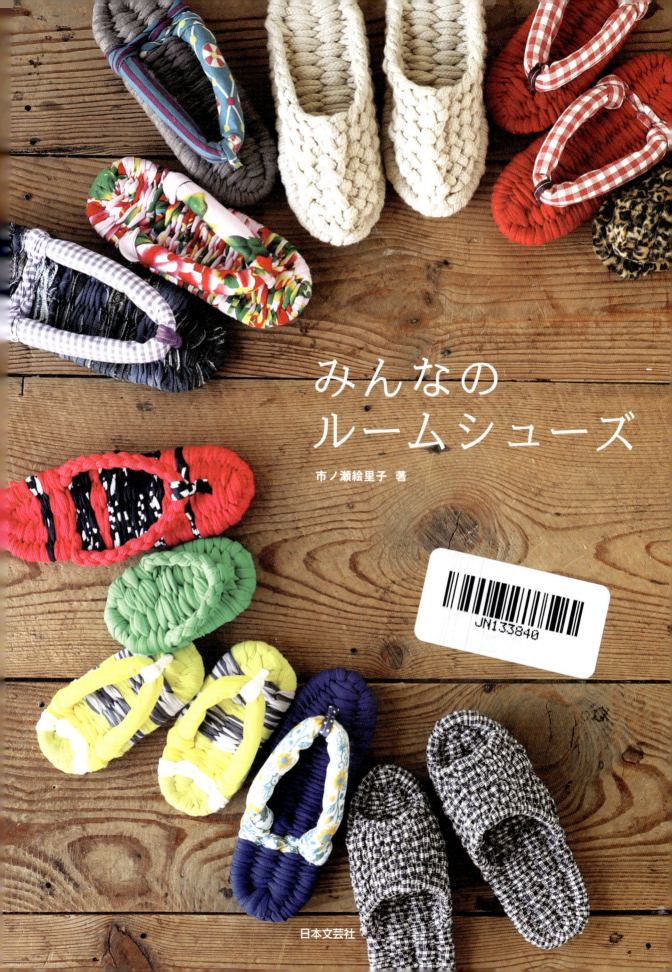

CONTENTS

P.16

7-23 スリッパ／ヨコスカスリッパ

24-31 スリッパレッスン

32-33 スリッパの材料とポイント

34 コラム 1

P.8

P.12

P.14

P.74

4-5 スリッパ・布ぞうり・サンダル
　　図解＆プロフィール

6 はじめに

93-95 原寸大型紙

P.45

P.16

P.44

P.58

P.47

35-61 布ぞうり

62-68 布ぞうりレッスン
69-71 布ぞうりの材料とポイント
 72 コラム2

P.47

P.39

P.62

73-81 サンダル／クシッパシリーズ

82-87 サンダルレッスン
88-90 サンダルレッスン2
 91 サンダルの材料とポイント
 92 コラム3

P.80

P.79

P.76

スリッパ 布ぞうり 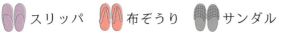 サンダル

図解＆プロフィール

本書では、スリッパ、布ぞうり、サンダルのルームシューズを提案。
共通するのはソールの編み方だけ。
自由な発想で素材を選び、お好みのタイプから作ってみましょう。

【スリッパ ヨコスカスリッパ】指先まですっぽりと包まれた形。一年を通して履くことができる。

表 / つま先 / カバー 編みひもを交差させて市松模様にする。
横 / 木型を使ってしっかり編み込んでいるので、きれいなカーブの履き口になる。
裏 / 脇 / ソール / かかと

編み芯のロープは左右に分けて編み目にくぐらせるので、履いたときゴロゴロせず丈夫に仕上がる。

基本の道具と材料

左上から右回り：ものさし、手芸用ボンド、Cクランプ4個、ソフトロープ（8mm）、木型(S)(M)、ヘラ、手芸用かんし、ハサミ

スリッパ、ぞうり、サンダルを作る上で欠かせないのが、編み芯のロープを引っ掛けるためのCクランプ。机に取り付けるときは逆さに設置して使用。またスリッパのカバー部分を美しく仕上げるための木型も必須。手芸用ボンドは布で編みひもを作る際、のりしろ部分に接着すると便利（もしくはミシンがけ）。

木型の代用
市販のスリッパの履き口に紙粘土を挿入し、型をとる。完全に固まるまで3、4日放置する。スリッパからソールを取り出し、紙粘土を貼り付け、上に布を貼る。

特長

- いろいろな素材が使える
- 洗濯機で洗える ※一部例外あり
- 丈夫で長持ち
- サイズ調整が簡単

歴史

群馬県旧六合村に古くから伝わる『こんこん草履』を原型に、市ノ瀬絵里子がアレンジしたもの。『ヨコスカスリッパ』の名称で提案し、素材や形など日々進化を遂げている。

本格派には
市ノ瀬絵里子が代表を務める『布ぞうり工房禅蔵』では、オリジナルの木型と作業台を販売。本書ではCクランプで作業台を代用。ただし本格的にぞうり作りを始めるなら、準備しておきたい強力な助っ人。問い合わせ先はP.96参照。

【布ぞうり】昔ながらの藁ぞうりの形を現代風にアレンジ。素足で履くのが気持ちいい。

表
- 前緒
- つま先
- 鼻緒　編みひもの四つ編みでも作れる。
- ソール
- かかと

横　使う素材によって厚みは変わる。

裏　編みひもや編み芯のロープは切りっぱなしでも、編み目にくぐらせるのでほどける心配なし。

特長
- ●簡単に作れる
- ●いろいろな素材が使える
- ●洗濯機で洗える ※一部例外あり
- ●丈夫で長持ち
- ●足ムレなし

歴史
平安時代にはすでに普及していたと言われる藁ぞうり。素材は藁から布に変わったものの、編み方はずっと受け継がれている。

基本の道具と材料
左上から右回り：金づち、Cクランプ4個、PPテープ（鼻緒）、ソフトロープ（8mm）、ものさし、手縫い糸＆針、ピンセット、手芸用かんし、ハサミ

布ぞうりは手軽な道具、材料で作れるので初心者向き。編みひもを四つ編みにすれば鼻緒の代わりにもなる。金づちは、鼻緒の結び目を裏面から叩いて平らにするためのもの。

【サンダル クシッパシリーズ】カバー付きの前開きタイプ。素足でも靴下のままでも履ける。

表
- つま先
- カバー　締めながら編めばアーチの柄は隠れ、緩めれば格子模様になる。
- ソール
- かかと

締めた編み地

横　カバーは、ソールと一緒にアーチを編み込むタイプと、後付けタイプあり。後者の場合、2連3連などアレンジ自在。

裏　長い編みひもを使うため、糸端が少なくきれいに仕上がる。

特長
- ●いろいろな素材が使える
- ●洗濯機で洗える ※一部例外あり
- ●丈夫で長持ち
- ●カバーデザインが豊富
- ●裏側がきれい

歴史
岐阜県恵那市串原『ささゆりの里布ぞうり研究会』三宅明氏考案のサンダルで、串原×スリッパで『クシッパ』と命名。種類が増え、今ではシリーズ化している。毎年『全国布ぞうりコンテスト』を開催するなど、串原の町おこしにも一役買っている。

基本の道具と材料
左上から右回り：金づち、Cクランプ4個、ソフトロープ（6mm、8mm）、PPテープ、ものさし、手芸用かんし、ハサミ

便利アイテム
布の編みひもで編む場合、筒状の布にPPテープを入れて使用。その際、布を裏から表に一気に返し、その中にPPテープを挿入できる『ひっくり返し棒』が便利。

問い合わせはP.96参照

はじめに

　今から12年ほど前、布ぞうりは一躍注目を集め、室内履きとして人気の高いアイテムになりました。ところが平成の後半にはあまり話題になることもなく、書店でも布ぞうり関連の本は見かけなくなりました。このままでは貴重な技術が途絶えてしまうと焦りを感じていたところ、今回新しいルームシューズを提案する機会にめぐまれました。

　本書で紹介するルームシューズは大きく分けて3タイプ。日本の伝統的な藁ぞうりの編み方をアレンジした布ぞうり、群馬県旧六合村に古くから伝わる「こんこん草履」をモダンにアレンジしたヨコスカスリッパ、岐阜県恵那市串原「ささゆりの里布ぞうり研究会」三宅明さん考案のサンダル・クシッパシリーズです。

　これらに共通しているのは、布ぞうりを見たことがない世代や簡単なものからチャレンジしたいという初心者の方でもすぐに始められるよう、身近な材料で作れる工夫をしていること。またお子さんと一緒に夏休みの自由研究の題材にしたり、地域やグループでのワークショップなどにも使いやすい内容になっています。ぜひ、家族で仲間で『みんなのルームシューズ』を楽しんでくださいね。令和の時代を生きる次世代に受け継がれていくことを願っています。

令和元年6月吉日

『布ぞうり工房禅蔵』
市ノ瀬絵里子

スリッパ／ヨコスカスリッパ

靴下のままでも履けるスリッパタイプ。市松模様の編み目が足の甲をすっぽり包み込むので、脱げにくく、安定の履き心地。コットンからウールまで、いろいろな素材が使えるので、季節に合わせて作ってみて。

製作／市ノ瀬絵里子

01 デニムスリッパ
インディゴ(L)

デニムパンツ2本を使用。デニムならではの丈夫さは、日常使いにぴったり。デニムの裾やミシン目がアクセントになります。

01

02 ウールスリッパ
チェック柄(M)

多色のチェック柄から生まれたモザイク風デザイン。中芯入りの編みひもなので、しっかりした履き心地に加え、型崩れの心配もなし。

03　コットンスリッパ
カモフラージュ柄(SS)

やんちゃな男の子にぴったりな茶系のカモフラ柄。コットンだから、たくさん履いて汚しても、気軽に洗濯できるのがうれしい。

04　コットンスリッパ
カモフラージュ柄(L)

ベーシックなグリーン系のカモフラ柄。かっこよく履きこなせるデザイン、さらっとした肌触りなので、素足で履くのが気持ちいい。

05 Tシャツスリッパ
マルチカラー(M)

紫、黒、グレーのTシャツとストライプ柄のニット生地を使用。家族の着古したTシャツを使って、オリジナルの配色に挑戦してみて。

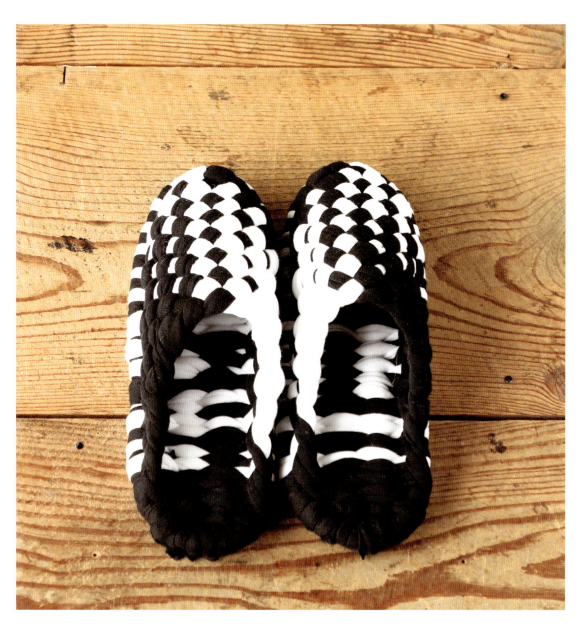

06 Tシャツスリッパ
モノクロ(L)

黒と白のTシャツ、合計5枚を使用。ソフトな履き心地に加え、クールなモノトーンとシンメトリーなデザインも魅力です。

07 綿麻スリッパ
水色(M)

綿麻生地のシワ感を生かしたデザイン。足裏に添うようなやわらかなソールと涼やかな素材感が、素足をやさしく包み込みます。

08 ハニーコードスリッパ
オフホワイト(M)

巾着袋などのひもでおなじみのハニーコードを使用。見た目よりも柔らかく、丸い形状なので、適度な厚みが出て気持ちいい。

09 ふかふか起毛スリッパ
ヒョウ柄(S)

ミシンがけが難しい厚めの起毛生地は、布用ボンドでらくらく接着。ふかふかの履き心地とまるでぬいぐるみのようなかわいらしさが魅力。

10 フェイクレザースリッパ
オフホワイト（M）

ヴィンテージ風のフェイクレザーの風合いがおしゃれ。しっかりとしたカバー部分、安定感のあるソールの厚さで、機能性も◯。

11 フェイクレザースリッパ
ブラウン(M)

10のスリッパよりも薄手のフェイクレザーを使用。その分厚みや幅の仕上がりがきゃしゃなので、女性の足を美しく見せてくれます。

12 ビニールテープスリッパ
ブロンズ(S)

キラキラバッグで人気のビニールテープを使用。足裏に多少の刺激はあるものの、エレガントな仕上がりはこの素材ならでは。

スリッパレッスン

木型を使って作るスリッパは、足の甲がすっぽりおさまる安定の履き心地。
斜めに入る市松模様も特長です。

材料　※M/24cm/幅10cm、1足分

- 編みひも
  ニット生地/幅10〜12cm×80cm×28本(本体)
  　　　　　幅10〜12cm×120cm×4本(横のひも)
- 編み芯(ソフトロープ8mm)/200cm×2本

道具

- Cクランプ4個・木型・ハサミ・
  手芸用かんし(もしくはピンセットなど)・ヘラ・ものさし

準備

- ニット生地を指定のサイズに切り、編みひもを作る。

※切ったあと、生地を引っ張って伸ばす。生地がくるっと丸まるので、切りっぱなしで使用。

※Tシャツを使う場合は、袖・胸・背の部分は短いので、布用ボンドなどでつなげて80cmにする(Tシャツの切り方はP.62参照)。

- Cクランプは5cm間隔で設置。通常とは逆に取り付ける。
  テーブルの手前に取り付けてもOK。

作り方

つま先を編む

01 編み芯のロープの両端を固結びして、輪にする。Cクランプの棒にB→D→A→Cの順にロープをかける。編みひも紫①を手元に10cm程度残し、残りを左から2つ目のCクランプに結んでおく。

02 手元に残した編みひもをロープの輪の下に通し、たるまないよう2回巻き付け、上に立てておく。

03 Cクランプに結んだ編みひもを外し、02で立てておいた編みひもの上に通し、ロープDの下に通して固定させる。

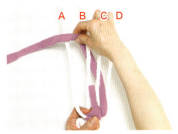

04 下にあるロープを一緒に持ち、ロープDの上に外側から通し、ロープBCの下にくぐらせる。

05 編みひもを下側にしっかりと引き、固定させる。

06 編みひもグレー①を右側から入れ、ロープDの上、BCの下に通し、ひも端をAの上に15cm程度出す。

07 左側の編みひもをロープAで折り返し、編みひも紫①とロープBCの上に通し、ロープDの下にくぐらせる。

08 ロープDの外側から巻き付け、下にしっかりと引き固定させる。その際、つま先がとがらないよう編み地を平らに整えておく。

09 紫①のひも端を後ろに折り、紫②を左側から入れ、ロープAの上→Bの下→Cの上→Dの下に通し、ひも端を右側に15cm程度出す。

10 右側の編みひもをロープDで折り返し、右側からロープDの上→Cの下→Bの上→Aの下に通す。

11 ひも端をロープAに巻き付け、下にしっかりと引き固定させる。

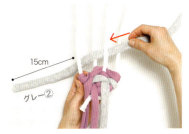

12 グレー②を右側から入れ、ロープDの上→Cの下→Bの上→Aの下に通し、ひも端を左側に15cm程度出す。

13 左側の編みひもをロープAで折り返し、左側からロープAの上→Bの下→Cの上→Dの下に通し、ロープDに巻き固定させる。

14 同様の手順で、編みひもが左右6本ずつになるまで繰り返し編む。紫とグレーの編みひもが交互に編まれているのを確認する。

> **ポイント**
>
> ●ソール幅が10cmになるように一段ずつ調整しながら編みましょう。
>
> ●もう片方を編む際、ひも色を左右逆にして編むと、両足並べたときの模様の出方が反転します。作る手順は01〜14同様。

動画をチェック！

木型を使いカバーを作る

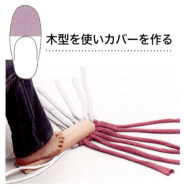

15 ロープをCクランプから外す。つま先を奥にして床に置き、木型を合わせて足で踏み押さえる。

16 横のひもになる2本の編みひもを半分に折り、木型の中心に当てて、黒の編みひもが下、ストライプの編みひもが上になるよう縦に重ねる。

17 2本の編みひもの中心を人差し指で押さえ、左側の黒の編みひもを中心から上に折る。

18 黒の編みひもを折ったまま、グレー①を木型に沿わせながら斜め手前に折る。

19 上に折った黒の編みひもを元に戻す。

20 右側のストライプの編みひもを中心から上に折る。

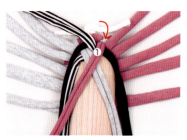

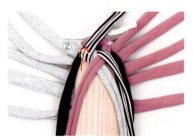

21 ストライプの編みひもを折ったまま、紫①を木型に沿わせながら斜め手前に折る。

22 上に折ったストライプの編みひもを元に戻す。

23 左側のストライプの編みひもを上に折る。

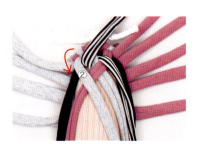

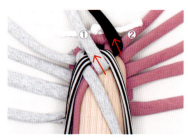

24 ストライプの編みひもを折ったまま、グレー②を木型に沿わせながら斜め手前に折る。

25 上に折ったストライプの編みひもを元に戻す。

26 右側の黒の編みひも、グレー①の2本を上に折る。

27 2本の編みひもを上に折ったまま、紫②を木型に沿わせながら手前に折る。

28 上に折った2本の編みひもを元に戻す。

29 左側の黒の編みひも、紫①の2本を上に折る。

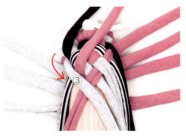

30 2本の編みひもを上に折ったまま、グレー③を木型に沿わせながら手前に折る。

31 上に折った2本の編みひもを元に戻す。

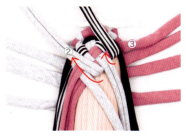

32 右側のストライプの編みひも、グレー②の2本を上に折る。

33 2本の編みひもを上に折ったまま、紫③を木型に沿わせながら手前に折る。

34 上に折った2本の編みひもを元に戻す。

35 同様の手順で、左右6本すべての編みひもを木型に沿わせて編むと市松模様になる。

ポイント

上に折る編みひもは、"編み目の下から出ているもの"を左右交互に上げると、覚えましょう。

履き口を編む

36 右下のストライプの編みひも、グレー②、④の3本を上に折る。

37 3本の編みひもを上に折ったまま、いちばん内側のグレー⑥を右側に折る。

38 上に折った3本の編みひもを元に戻す。

39 右下の黒の編みひも、グレー①、③の3本を上に折る。

40 3本の編みひもを上に折ったまま、グレー⑤を右側に折る。

41 上に折った3本の編みひもを元に戻す。

42 同様の手順で右側6本分の編みひもが編めたら、横の編みひもを木型に当てて押さえながら、6本の編みひもを右斜め下方向にギュッと引き締める。木型にぴたっと沿うまで引き締める。

43 編みひもがほどけないように、右端手前3本(黒、ストライプ、グレー①)を三つ編みにして軽く結んでおく。

44 左側も同様に編み、左端手前3本(黒、ストライプ、紫①)の編みひもを三つ編みにして軽く結んでおく。

ソールを編む

45 本体を裏に返し、Cクランプにロープを掛けてセットする。
※裏返しているので、59までロープ番号は逆になる。

46 右側のいちばん手前のグレー⑥をロープAの内側から下に通し、ひと巻きする。

47 グレー⑥を右からロープAの下→Bの上→Cの下→Dの上に通す。

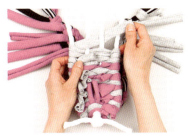

48 続けて左からロープDの下→Cの上→Bの下→Aの上に通し、編みひもを往復させる。

49 編みひもが短くなるまで同様に編み、ひも端は裏面（写真では手前）に出し、引き締める。

50 続けて左側を編む。紫⑥をロープDの内側からひと巻きし、ロープDの下→Cの上→Bの下→Aの上に通す。

51 ロープAで折り返し、ロープAの下→Bの上→Cの下→Dの上に続けて編む。

52 編みひもが短くなるまで同様に編み、ひも端は裏面（写真では手前）に出し、引き締める。

53 左右5本ずつの編みひもを編み終えたら、右側の三つ編みを外し、グレーの編みひもをロープAにひと巻きする。

54 同様に編みひもが短くなるまで編む。

55 左側の三つ編みを外し、紫の編みひもをストライプの編みひもの下、黒の編みひもの上に通しロープDの下に通す。

56 ロープDの内側からひと巻きして、同様に編みひもが短くなるまで編む。

 横のひもを編む

57 ロープをCクランプから外し、本体に木型をはめて上から押し、横のひもを引いてたるみをなくしたり、ヘラなどを使って編み目を均等に整える。

58 表面を上にし、ロープをCクランプに掛け直す。編み地に両指をかけて手前に引き、編み目を整えておく。

59 左側のストライプの編みひもを編み地に平行に持ち、黒の編みひもの上に通し内側からロープAの下に通す。

60 ロープAに内側からひと巻きして上に出し、左からロープAの上→Bの下→Cの上→Dの下に通す。

61 折り返し、ロープDの上→Cの下→Bの上→Aの下に通し、ひも端をロープABの間に差し込み裏側に残す。

62 右側のストライプの編みひもを編み地に平行に持ち、黒の編みひもの上に通し内側からロープDの上に通す。

63 ロープDの外側からひと巻き半して下に出し、ロープDの下→Cの上→Bの下→Aの上に通す。

64 折り返し、ロープAの下→Bの上→Cの下→Dの上に通し、ひも端をロープCDの間に差し込み裏側に残す。

65 左側の黒の編みひもをロープAの上に通し、外側からひと巻き半して下に出す。

66 ロープAの下→Bの上→Cの下→Dの上の順で1往復編み、ひも端をロープBCの間に差し込み裏側に残す。

67 右側の黒の編みひもをロープAの下に通し、内側からひと巻きして上に出す。

68 ロープDの上→Cの下→Bの上→Aの下の順で1往復編み、ひも端をロープBCの間に差し込み裏側に残す。

かかとを編む

69 右側の黒の編みひもを1往復編んだところでサイズを測る。20cm前後（24cmサイズの場合）であれば標準。

70 編みひもを足し、好みの長さになるまで編む。最後の2段は、編みひもを少しずつ引っ張り、幅を狭めながら編む。

71 好みの長さ（24cmサイズの場合24cm）まで編んだら、編みひもで右側のロープ2本をまとめて外側から2回巻き付ける。
※編み終わりが左側のときは、左側のロープ2本に巻く。

仕上げ・裏の始末

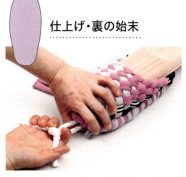

72 Cクランプから本体を外し、木型を入れる。つま先を押さえながら編み芯のロープの結び目をゆっくり引く。

73 途中で木型を抜き、かかと側のロープが見えなくなるように1本ずつ交互に引く。

74 かかとから2つ目の編み目の裏側からかんし（もしくはピンセットなど）を入れ、残った編みひもを裏側に引き出す。

75 同様にかんしを使い、引き出した編みひもを同じ場所に2回巻きくるみ、かかとのロープを完全に隠す。写真はひもを引き出した裏側。

76 裏側に残った編みひもを2cm程度残して切り揃える。

77 ロープを10cm程度残して切り、つま先の裏側の編み目にかんしを差し込み、切ったロープを引き抜く。

78 その下の編み目2段を少し広げ、ロープの端を左右別々の目に通して収める。

79 残ったロープを短く切る。もう片方も同様のプロセスで作ったら完成。

完成

スリッパの材料とポイント

〈スリッパの基本材料〉

本体／素材、サイズにより異なる。以下参照。
編み芯／8mmのソフトロープ200cm×2本使用（キッズサイズは180cm×2本）
中芯／8mmのソフトコードを編みひもの長さ分使用。

※材料の分量は、素材（特にニット生地は伸縮性があるため）や力加減で異なるので、少し多めにご用意ください。

中芯ありとは
ソフトコードの入った編みひも（布）のこと。
しっかり固めに仕上がる。

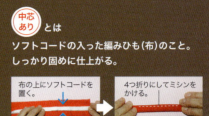

布の上にソフトコードを置く。　→　4つ折りにしてミシンをかける。

---

01 デニムスリッパ
インディゴ（L／25cm／幅10cm）

濃いめのブルージーンズ（古着などを使用）2本
- **本体** 幅5cm×70〜80cm×24本（うち4本はミシンの縫い目部分もそのまま使用）
- **横のひも** 幅7cm×100cm×4本
- **かかと** 幅5cm×70cm×4本

※生地をカットし、4つ折りにし、ミシンをかける。
※デニムの切り方参照。

02 ウールスリッパ
チェック柄（M／24cm／幅10cm）　**中芯あり**

薄手先染め平織ウール（赤×黒×黄の細線×白の細線のチェック柄）148cm×150cm
- **本体** 幅5cm×80cm×28本（かかと4本）
- **横のひも** 幅7cm×100cm×4本

※生地をサイズに合わせてカットし、4つ折りにし、中芯を挟んでミシンをかける。

03 コットンスリッパ
カモフラージュ柄（SS／15cm／幅9cm）

カモフラージュ柄ブロード（茶系）92cm×100cm（シングル幅）、水玉柄コットン（茶）20cm×80cm
- **本体** カモフラージュ柄／幅5cm×60cm×10本（かかと2本）
- **横のひも** 水玉柄／幅5cm×70cm×4本

※生地をサイズに合わせてカットし、4つ折りにし、アイロンをかけて布用ボンドで貼り付ける。
※Sサイズ用木型使用。

04 コットンスリッパ
カモフラージュ柄（L／27cm／幅11cm）　**中芯あり**

カモフラージュ柄ツイル（グリーン系）92cm×200cm（シングル幅）
- **本体** 幅5cm×90cm×28本（かかと2本）
- **横のひも** 幅7cm（厚みを出すため）×100cm×4本

※生地をサイズに合わせてカットし、4つ折りにし、中芯を挟んでミシンをかける。

05 Tシャツスリッパ
マルチカラー（M／24cm／幅10cm）

※材料、作り方はP.24〜参照。

06 Tシャツスリッパ
モノクロ（L／27cm／幅12cm）

メンズLサイズTシャツ白2枚、黒3枚
- **本体** 幅10〜12cm×80cm×14本×2（黒白それぞれ）
- **横のひも** 幅10〜12cm×120cm×4本（黒）

※短いものは布用ボンドで繋げて80cmにし、乾いてから引っ張って伸ばす。
※Tシャツの切り方はP.62参照。

07 綿麻スリッパ
水色（M／23cm／幅9cm）

綿麻（淡いブルー）92cm×150cm（シングル幅）
- **本体** 5cm×80cm×24本（かかと4本）
- **横のひも** 幅7cm×100cm×4本

※生地をサイズに合わせてカットし、4つ折りにし、アイロンをかけ、布用ボンドで貼り付ける。

08 ハニーコードスリッパ
オフホワイト（M／24cm／幅10cm）

ハニーコード（オフホワイト／幅10mm／アクリル）30m

本体 80cm×28本（かかと2本）
横のひも 100cm×4本

※コードをサイズに合わせてカットする。

※素材の特性上、カバー部分に隙間ができるので、飾り編みで隠す。80cmの編みひもを用意し、カバー部分の履き口の中央の一目にかんしでくぐらせ、上に出し半分にする。そこから交互にクロスさせるように、カバー部分に通していく。つま先まで編み込んだら残りを隠すように脇に沿って編み込み、裏でひも端を切る。

※コードが見えやすいように本体の色を変えています。

09 ふかふかスリッパ
ヒョウ柄（S／20cm／幅9cm）

モカヒョウ柄アニマルシール（2mm毛並み／ポリエステル100％）145cm×70cm

本体 幅5cm×70cm×24本（かかと4本）
横のひも 幅5cm×80cm×4本

※生地をサイズに合わせてカットし、4つ折りにし、布用ボンドで貼り付ける。
※Sサイズ用の木型使用。

10 フェイクレザースリッパ
オフホワイト（M／24cm／幅11cm）

合成皮革（オフホワイト／ポリエステル100％）50cm×75cm×3枚

本体 幅5cm×75cm×28本（かかと2本）
横のひも 本革の細ひも（茶・コード）100cm×4本

※合成皮革をサイズに合わせてカットし、4つ折りにし、ミシンをかける。
※横のひもは、P.30の59のプロセスで左右それぞれ固結びし、ソールには編みこまない。

11 フェイクレザースリッパ
ブラウン（M／23cm／幅10cm）

合成皮革（茶／ポリウレタン100％）70cm×50cm×4枚

本体 幅5cm×70cm×24本（かかと4本）
横のひも 幅5cm×（70cm+35cm）＝103cm×4本

※合成皮革（超薄手のしなやかな素材）をサイズに合わせてカットし、4つ折りにしにし、ミシンをかける。横のひもは、ミシンで繋げて103cmにする。
※ミシンの代わりに、布用両面テープで貼り付けても可。

12 ビニールテープスリッパ
ブロンズ（S／21cm／幅8cm）

ビニールテープ（ブロンズ／幅5mm／塩化ビニール）30m×2巻

本体 80cm×32本（かかと6本）
横のひも 100cm×8本

※テープをサイズに合わせてカットする。
※横のひもは、2本ずつセロハンテープでつなげて幅を出す。
※Sサイズの木型を使用。
※テープがすべりやすいため、P.24〜25の05、06、09、12のプロセスでは、テープをひと巻きして固定させる。

〈デニムの切り方〉

(1) 裾を切り取り、脇をミシン目に切る。
(2) 図のように前後4枚に切り開く。
(3) 2つ折りで編みひもにする場合は幅3cmに、4つ折りの場合は幅5〜7cmに切る。
(4) 長さ80cmになるようにミシンか布用ボンドでつなげる。
※脇の縫い目、裾部分も編みひもとして使用。
※後ろのポケットは取らず、ポケットに沿って切る。

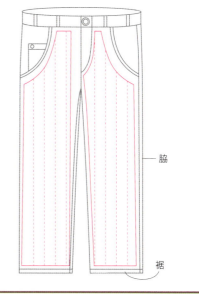

コラム 1

お気に入りのハギレをつなげたら
世界にひとつのパッチワーク風スリッパに！

布ぞうりを作っていると、仕上げた後にたくさんのハギレが残ります。これを捨てるなんてとてもできなくて、何年もため込んでしまったのですが、ある日ピン！とひらめきました。ハギレたちをミシンで長〜くつなげて再び編みひもにして作ってみたら、まさに一点物ができあがりました。

ハギレをつなげる順番は気の向くままに、同じ柄を続けないのがコツ。色柄合わせはワクワクするし、ハギレの再生にもなって一石二鳥。♫雨の日と月曜日には♪（カーペンターズ）こんな手仕事でグッと楽しい一日が過ごせます。

a・b
10〜20cmのコットンなどのハギレ約300gを80cmにつなげたもの26本、100cmにつなげたもの4本使用。（M／24cm／幅10cm）

c
10〜20cmのコットンなどのハギレ約300gを200cmにつなげたもの14本使用。（M／24cm／幅9cm）
製作：入内嶋安芸

※bは「INTERNATIONAL CONTEMPORALY MASTERS X」2015　アメリカの美術系図録 WorldWideArtBooks社　掲載作品

布ぞうり

昔ながらの藁ぞうりの形はそのままに、布を使って現代風にアレンジ。お気に入りの布で作ったり、家族みんなのTシャツやデニムで使ったり、自由な発想でいろいろな素材の組み合わせを楽しんで。

13 Tシャツぞうり
ダーク系ミックス(L)

黒、ダークグリーン、カラシ、エンジ、黒白ストライプの5種を組み合わせたぞうり。多色の場合、黒ベースの鼻緒にすると引き締まった印象に。

製作：大峡幸枝

14 Tシャツぞうり
ベージュ系ミックス（M）

モカ×オフホワイトのベースに、オレンジの四つ編み鼻緒をプラス。すべて同素材なので、肌にやさしい履き心地です。

製作：市ノ瀬絵里子

着古したデニムで作った家族4人分のデニムぞうり。ベースは同じデニムでも、鼻緒はみんなの好みで個性を出して。丈夫な生地で洗濯もできるので、わんぱくキッズにぴったりです。

15.16 製作：大峽幸枝
17.18 製作：市ノ瀬絵里子

15 デニムぞうり
バンダナ柄鼻緒（M）

16 デニムぞうり
バンダナ柄鼻緒（SS）

18 デニムぞうり
チェック柄鼻緒(L)

17 デニムぞうり
四つ編み鼻緒(S)

19 コットンリネンのぞうり
植物柄（M）

ベージュの生地に植物柄がプリントされたナチュラルテイストのぞうり。夏をさわやかに乗り切れそうな素材感も魅力。

製作：斎藤圭子

20 コットンのぞうり
中華柄(M)

赤、ピンク、緑、水色と、目の覚める色彩が印象的。肌触りのいいコットンだから、一年を通じて足元を華やかに演出します。

製作：斎藤圭子

それぞれ同系色でまとめたカラーリングが特長。ベージュ系にインド綿、ピンク系に花柄のコットン、ブルー系に北欧テイストのコットンと、鼻緒でいろいろな雰囲気を楽しんで。

21.22 製作：石澤幸枝
23 製作：大峡幸枝

21 Tシャツぞうり
ベージュ系ミックス(M)

22 Tシャツぞうり
ブルー系ミックス(L)

23 Tシャツぞうり
ピンク系ミックス(M)

リサイクルヤーンのズパゲッティで
ソールを作り、カラフルな布で鼻緒
をあしらった4パターン。鼻緒は少
しの布で作れるので、左右で布を変
えるなどのアレンジも楽しめます。

24.26 製作：土屋琴美
25 製作：市ノ瀬絵里子
27 製作：大峽幸枝

26

| **24** | リサイクル糸のぞうり
赤×チェック柄(M) | **26** | リサイクル糸のぞうり
カーキ×小花柄(M) |

| **25** | リサイクル糸のぞうり
グレー×ミックス柄(M) | **27** | リサイクル糸のぞうり
青×花柄(M) |

28

リサイクルヤーンのズパゲッティだけで作った3パターン。色の組み合わせやボーダーの間隔を変えるなどして好みのデザインに仕上げて。

28 製作：市ノ瀬絵里子
29 製作：村上敏子
30 製作：柳タケ子

25

24

31 やわらか起毛ぞうり
オフホワイト(M)

ふわふわの肌触りの起毛生地だけで作ったタイプ。素材的には秋冬仕様でも、季節を問わず素足で履きたい気持ちよさ。

製作：市ノ瀬絵里子

32 ジュートぞうり
グリーン系(M)

ジュート糸で編んだソールに綿麻の鼻緒で和テイストをプラス。ジュートならではの足裏に感じるわずかなチクチク感がクセになります。

製作：市ノ瀬絵里子

33 ジュートぞうり
茶系×赤ドット(M)

一見藁ぞうりのような雰囲気を醸し出すジュートのぞうり。アクセント的な赤い鼻緒が、レトロなかわいらしさを演出します。

製作：加藤淳子

34 着物ぞうり
マルチカラー(M)

ウール地の着物を使った和風ぞうり。普段着のパンツやワンピースにはもちろん、浴衣や着物の足元にもおすすめです。

製作：土屋琴美

35 コットンぞうり
ヒョウ柄×赤(M)

ヒョウ柄のソールに、赤い鼻緒をプラスしたインパクト抜群のデザイン。シンプルな洋服に合わせれば、コーディネートのスパイスに！

製作：大峡幸枝

36 Tシャツぞうり
イエロー系(S)

３色のTシャツ素材を組み合わせたマルチカラータイプ。子供が安心して履けるやさしいTシャツの肌触りとビタミンカラーがポイント。

製作：市ノ瀬絵里子

37 Tシャツのダイエットぞうり
オレンジ(SS)

オレンジ色のTシャツ1枚で作れるミニサイズ。大人はダイエットぞうりとして、子供ならジャストサイズで履くことができます。

製作:加藤淳子

38 Tシャツのダイエットぞうり
トリコロール(SS)

3色ボーダーのTシャツ1枚だけで完成。大人が履けば、かかとが上がることでダイエット効果あり!?
※P.72のコラムも合わせてご覧ください。

製作:市ノ瀬絵里子

布ぞうりレッスン

初心者でも簡単に作れる布ぞうり。
最初はTシャツ1枚で完成するダイエットぞうりがおすすめです。

材料
※SS／14cm／幅9cm、1足分

- 編みひも
  レディースM〜LサイズTシャツ1枚
- 編み芯(ソフトロープ8mm)／200cm×2本

道具

- Cクランプ4個・ハサミ・ピンセット(もしくは手芸用かんしなど)・ものさし

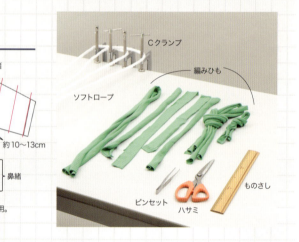

準備

- Tシャツを図のように切り、本体用編みひもを作る。

〈Tシャツの切り方〉
(1) 裾と袖口をミシン目に沿って切る。
(2) 脇の下を切って、身頃を4等分。
(3) 図のように、袖、身頃を切る。
※レディースM〜Lサイズで厚手のTシャツを1枚使用。Sサイズ、薄手のTシャツなどは2枚必要。切ったあと、生地を引っ張って伸ばす。

- Cクランプを5cm間隔で設置。通常とは逆に取り付ける。テーブルの手前に取り付けてもOK。

作り方

※ロープのかけ方はP.24〜参照

つま先を編む

01 編み芯のロープの両端を固結びし、輪にする。Cクランプの棒にB→D→A→Cの順にロープをかける。編みひもを手元に20cm程残し、残りの編みひもをBのCクランプに結んでおく。

02 手元に残した編みひもをロープの輪の下に通し、たるまないよう2回巻きつけ、上に立てておく。

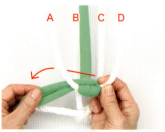

03 編みひもをロープAの下に通す。

04 Cクランプに結んだ編みひもの下に通す。

05 ロープDの上に通し、ひと巻きする。

06 Cクランプに結んだ編みひもとロープBCの上に通し、ロープAの下にくぐらせる。

07 ロープAで折り返し、編みひもをロープBCの下に通す。

08 ロープDの上に通し、折り返す。

09 Cクランプに結んだ編みひもとロープBCの上に通し、ロープAの下に通し、左下に引く。

10 ロープAの上に通したら折り返し、指で押さえ後ろに休める。Cクランプに結んだ編みひもを解いてロープCの上に通し、ロープDの下に通す。

11 ロープDで折り返し、ロープDの上→Cの下→Bの上→Aの下に通す。その際、左手で押さえていたひも端を一緒に編み込む。

ポイント

ときどきものさしで計りながら、幅9cmに調整しましょう。

12 途中で編みひもが短くなったら、短い編みひもの端を裏側に残し、新しい編みひもをロープBCの間に差し入れる。

13 ロープBの上に通し、ロープAで折り返し、左から右、右から左へと編み進める。

14 ロープの間に指を入れ、編み地を詰めながら、長さ9cmまで編む。

鼻緒を作る

15 鼻緒用の編みひも2本をロープDにかける。

16 下図四つ編みの仕方を参照し、21cmになるまで編む。

17 四つ編みのひも端を2本に分け、ロープAにかける。

18 右側の編みひも2本をロープAの上から下に巻く。

19 そのままロープBの上→Cの下→Dの上に通す。

20 ロープDで折り返し、ロープDの下→Cの上→Bの下→Aの上に通す。

21 20の編みひもは裏側に休めておく。

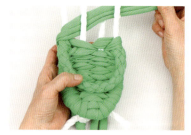
22 残りの四つ編みの編みひも2本をロープAの上→Bの下→Cの上→Dの下に通す。

23 ロープDで折り返し、繰り返し編み進める。編みひもが短くなったらひも端を裏側に残し、休めていたもう片方の鼻緒の編みひもをロープBCの間に出し、編み地の流れに合わせて編み進める。

24 途中、ロープの間に指を入れ、こまめに編み地を詰める。

25 長さ12cmになるまで編みひもを足しながら編む。

四つ編みの仕方
4本の編みひもで、図のように編む。

かかとを編む

26 Cクランプ3個にロープに掛け直し、間隔を狭める。

27 残りの編みひもで同様に編む。

28 長さ13〜14cmになったところで編みひもを左2本のロープに2回巻きつける。
※編み終わりが右側のときは、右側のロープ2本に巻く。

29 ロープをCクランプから外し、つま先を押さえながらロープを引く。

30 ロープを引き終わったところ。

31 裏に残った編みひもを裏から表に出し、ひも端をピンセット(もしくはかんし)でつまみ、表の編み地から裏に引き出し、ロープを隠す。

32 裏面で1cm程度残し、ひも端をハサミで切る。

33 その他のひも端も1cm程度残してハサミで切る。

前緒を付ける〜仕上げ

逆にねじると簡単にほぐれる。

34 ロープを20cm程度残して切り、ロープをほぐしておく。

35 余った編みひも20cm程度を前緒にする。二つ折りにし、輪を上に鼻緒の下に置く。

36 ひも端を輪に通し、しっかり絞る。

37 2本の前緒をピンセット（もしくはかんし）に挟み、つま先から2cmの中央に差し入れる。

38 そのまま裏側に引き抜く。

39 前緒の上にほぐしたロープを置き、固結びする。

ポイント
最初は軽く結び、履いてみて好みの間隔のところでしっかり結び直しましょう。

40 ほぐしたロープを2本ずつに分け、真ん中の2本をピンセットに挟んで39の結び目の下に入れる。

41 表側にロープを引き出す。

42 ロープをピンセットに挟み、引き出した編み地の一段下に入れる。

43 裏側に引き出し、固結びをして、残りをハサミで切る。

ポイント
一段下に入れれば、表側からロープは見えません。二段とばすとロープが見えてしまうので注意。

44 内側のロープ2本をピンセットに挟み、43の結び目の下に入れ、41〜43を繰り返す。外側のロープ2本は裏側で固結びする。

45 前緒のひも端の片方をピンセットに挟み、いちばん上のロープの結び目に右側から通す。

46 ひも端のもう片方は上から2番目の結び目に左側から通す。

47 両方のひも端を1cm程度残し、ハサミで切り、金づちで前緒の結び目をたたいて平らにする。

48 もう片方も同じプロセスで作ったら完成。

完成

布の鼻緒をつける場合 ※M／24cm／幅9cm、1足分

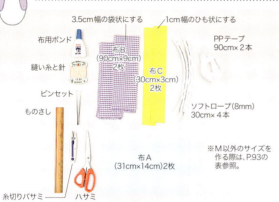

布用ボンド／縫い糸と針／ピンセット／ものさし／糸切りバサミ／ハサミ
布B（90cm×9cm）2枚 3.5cm幅の袋状にする
布C（30cm×3cm）2枚 1cm幅のひも状にする
PPテープ 90cm×2本
ソフトロープ(8mm) 30cm×4本
布A（31cm×14cm）2枚
※M以外のサイズを作る際は、P.93の表参照。

30cm

01 ソフトロープ（2本※片方分）をほぐして6本にする。

02 鼻緒の芯を作る。布A（1枚）の上にほぐしたソフトロープとPPテープ（1本）を置く。

03 布Aでしっかりと巻き、針と糸でざっくりとかがり縫いをする。

ポイント

ロープなどが抜けないように、両端は3、4回巻き付けましょう。

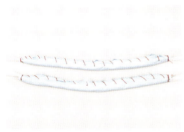

04 もう1枚の布Aも同様に01〜03を繰り返し、もう1本作る。

05 布B（1枚）を中表に折り、幅3.5cmの筒状になるようにミシンをかける（布用ボンドでも可）。布Bを表に返し、ピンセットに04のPPテープを結び付け、中に通す。

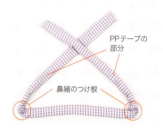

PPテープの部分
鼻緒のつけ根

06 鼻緒の完成。これを2本作る。

07 ソールを約16cmまで編んだら、ロープDの根元の上に鼻緒のつけ根部分を巻く。
※右足用の場合。左足用はロープAに巻く。

08 右側の鼻緒を左に折る。

09 そのまま鼻緒の下に通し、ぎゅっと引き締める。

10 ロープDの上に通し、ロープCの下→Bの上→Aの下に通す。

11 ロープAで折り返し、ロープDの上で休ませる。

12 もう片方の鼻緒のつけ根部分をロープAの内側から根元にかける。

13 ロープAの上に通す。

14 鼻緒の下に通し、引き締める。

15 ロープAの上→Bの下→Cの上→Dの下に通す。

16 ギリギリまで繰り返し編む。

17 ソールの編みひもを足し、24cm（24cmサイズの場合）になるまで編み、P.65の26〜33のプロセスを行う。

18 布Cを4つ折りにしてミシンをかける（布用ボンドでも可）、幅1cmの前緒を作る。P.65〜66の35〜48のプロセスを繰り返したら完成。もう片方も同じプロセスで作る。

布ぞうりの材料とポイント

〈布ぞうりの基本材料〉 ※細かいサイズはP.93布ぞうりサイズ表参照。

本体／素材、サイズにより異なる。以下参照。
鼻緒／幅9cm×90cm×2本(Sは幅8.5cm×90cm×2本、SSは幅8cm×80cm×2本)
前緒／幅3cm×30cm×2本(全サイズ共通)
編み芯／8mmのソフトロープ200cm×2本使用(S、SSは180cm×2本)
鼻緒の芯／8mmのソフトロープ30cm(SSは25cm)×4本、PPテープ90cm(SSは80cm)×2本

※材料の分量は、素材(特にニット生地は伸縮性があるため)や力加減で異なるので、少し多めにご用意ください。

---

13 Tシャツぞうり
ダーク系ミックス(L／27cm／幅10cm)

本体	メンズLサイズTシャツの黒、ダークグリーン、からし、濃い紫、黒白ストライプ各1枚
鼻緒	プリント柄コットン(黒)
前緒	無地コットン(黒)

※それぞれTシャツの切り方(P.62)を参照し、身頃4枚、袖2枚、背2枚に分け、編みひも用に切る。
※編む段数の多い部分は身頃、少ない部分(かかとなど)は袖、背の部分を使用。その他のTシャツぞうりも同様。

17 デニムぞうり
四つ編み鼻緒(S／17cm／幅8cm)

本体	デニム1本から幅3cm×16本(切りっぱなしで使用)
鼻緒	デニムの四つ編み幅2cm×100cm×4本
前緒	デニムの脇のミシン部分30cm×2本

※デニムの切り方P.33参照。

14 Tシャツぞうり
ベージュ系ミックス(M／24cm／幅9cm)

本体	メンズLサイズTシャツのモカ、カーキ、杢ベージュ各1枚
鼻緒	オレンジTシャツの四つ編み(身頃を幅10cmで切り、2本を半分にして使用)
前緒	モカTシャツの胸部分から2本

※Tシャツの切り方P.62参照。

18 デニムぞうり
チェック柄鼻緒(L／27cm／幅10cm)

本体	デニム3本から幅3cm×28本(切りっぱなしで使用)
鼻緒	ギンガムチェック柄コットン(薄紫)
前緒	むら染コットン(紫)

※デニムの切り方P.33参照。

15 デニムぞうり
バンダナ柄鼻緒(M／24cm／幅9cm)

本体	デニム2本から幅3cm×24本(切りっぱなしで使用)
鼻緒	バンダナ柄コットン(ブルー)
前緒	デニムの脇のミシン部分40cm×2本

※デニムの切り方P.33参照。

19 コットンリネンのぞうり
植物柄(M／24cm／幅9cm)

本体・鼻緒・前緒	植物柄のコットンリネン幅6cm×200cm×約16本

※すべて同じ生地を使用。
※生地を4つ折りにしてアイロンをかけ、P.84のポイントを参考に、編みひもを折りながら編む。

16 デニムぞうり
バンダナ柄鼻緒(SS／15cm／幅8cm)

本体	デニム1本から幅3cm×16本(切りっぱなしで使用)
鼻緒・前緒	バンダナ柄コットン(赤)

※鼻緒はバンダナを8cm幅に4枚切り、2枚ずつミシンで繋げてから中表にし、縦にミシンをかける。
※デニムの切り方P.33参照。

20 コットンのぞうり
中華柄(M／24cm／幅9cm)

本体・鼻緒・前緒	中華柄のコットン幅6cm×200cm×約16本

※すべて同じ生地を使用。
※生地を4つ折りにしてアイロンをかけ、P.84のポイントを参考に、編みひもを折りながら編む。

21 Tシャツぞうり
ベージュ系ミックス(M／24cm／幅10cm)

- **本体** メンズLサイズTシャツの薄ベージュ、ベージュのストライプ各1枚
- **鼻緒** インド綿
- **前緒** アクリルコード(こげ茶)

※Tシャツの切り方P.62参照。

22 Tシャツぞうり
ブルー系ミックス(M／24cm／幅10cm)

- **本体** メンズLサイズTシャツのネイビー、ブルーグレー、グレー各1枚
- **鼻緒** 北欧風水玉柄コットン(ブルー)
- **前緒** 無地コットン(ブルー)

※Tシャツの切り方P.62参照。

23 Tシャツぞうり
ピンク系ミックス(M／24cm／幅10cm)

- **本体** レディースMサイズTシャツの濃いピンク、オレンジ、薄ピンク各1枚
- **鼻緒** 小花柄コットン(ピンク)
- **前緒** 水玉柄コットン(ピンク)

※Tシャツの切り方P.62参照。

24 リサイクル糸のぞうり
赤×チェック柄(M／24cm／幅9cm)

- **本体** フックドゥ ズパゲッティ(Red)／DMC 300cm×8本
- **鼻緒** チェック柄の先染め綿麻(赤)
- **前緒** コットン(濃い紫)

※300cmを半分にして2本取りで編む。
※フックドゥ ズパゲッティはリサイクル糸のため、糸の太さに多少のバラつきあるため、太さに応じて1本取り、2本取りで編む。25〜30の作品も同様。

25 リサイクル糸のぞうり
グレー×ミックス柄(M／24cm／幅9cm)

- **本体** フックドゥ ズパゲッティ(Grey)／DMC 300cm×8本
- **鼻緒・前緒** プリントのコットン(ブルー系)

※300cmを半分にして2本取りで編む。

26 リサイクル糸のぞうり
カーキ×小花柄(M／24cm／幅9cm)

- **本体** フックドゥ ズパゲッティ(Green)／DMC 300cm×16本
- **鼻緒** 小花柄コットン(黄色)
- **前緒** 無地コットン(黄色)

※300cmを半分にして2本取りで編む。

27 リサイクル糸のぞうり
青×花柄(M／24cm／幅9cm)

- **本体** フックドゥ ズパゲッティ(Dark blue)／DMC 300cm×6本
- **鼻緒** 水玉柄のコットン(ブルー)
- **前緒** 水玉柄コットン(ブルー)

※1本取りで編む。

28 リサイクル糸の四つ編み鼻緒ぞうり
ピンク×ボーダー(M／24cm／幅9cm)

- **本体** フックドゥ ズパゲッティ(Fuchsia)／DMC 300cm×8本、フックドゥ ズパゲッティ(ボーダー柄)／DMC 300cm×8本
- **鼻緒** フックドゥ ズパゲッティ(Fuchsia)／DMC 200cm×4本(2本を半分にして四つ編み)
- **前緒** フックドゥ ズパゲッティ(ボーダー柄)／DMC 60cm×2本

※両色とも2本取りで編む。

29 リサイクル糸の四つ編み鼻緒ぞうり
茶×ミント(M／24cm／幅9cm)

- **本体** フックドゥ ズパゲッティ(Brown)／DMC 300cm×8本、フックドゥ ベビー ズパゲッティ(ミント)／DMC 300cm×4本
- **鼻緒** フックドゥ ズパゲッティ(Brown)／DMC 300cm×4本(2本を半分にして四つ編み)
- **前緒** フックドゥ ベビー ズパゲッティ(ミント)／DMC 60cm×2本

※300cmを半分にして2本取りで編む。

30 リサイクル糸の四つ編み鼻緒ぞうり
白×水色(M／24cm／幅9cm)

- **本体** フックドゥ ズパゲッティ(Blue)／DMC 200cm×10本、フックドゥ ズパゲッティ(White)／DMC 300cm×4本
- **鼻緒** フックドゥ ズパゲッティ(Blue)／DMC 300cm×4本(2本を半分にして四つ編み)
- **前緒** フックドゥ ズパゲッティ(White)／DMC 60cm×2本

※Blueは300cmを半分にして2本取りで、Whiteは1本取りで編む。

31 やわらか起毛ぞうり
オフホワイト(M／24cm／幅10cm)

本体 起毛ポリエステル幅6cm×130cm×14本
鼻緒 起毛ポリエステル(オフホワイト)
前緒 アクリルコード

※生地を4つ折りにして、P.84のポイントを参考に、編みひもを折りながら編む。

36 Tシャツぞうり
イエロー系(S／17cm／幅9cm)

本体 レディースTシャツレモンイエロー、ストライプ各1枚、フックドゥ ズパゲッティ(White)／DMC 50cm×2本
鼻緒 幅8.5cm×90cm×2枚コットン(レモンイエロー)
前緒 フックドゥ ズパゲッティ(White)／DMC 40cm×2本

※Tシャツの切り方P.62参照。

32 ジュートぞうり
グリーン系(M／24cm／幅9cm)

本体 フックドゥ 100%ナチュラルジュート(JT003 Srenity Mint)／DMC 200cm×20本
鼻緒・前緒 綿麻(黄緑)

※1本取りで編む。

37 Tシャツのダイエットぞうり
オレンジ(SS／14cm／幅9cm)

本体 鼻緒・前緒 レディースM〜LサイズTシャツオレンジ1枚

※作り方はP.62〜参照。

33 ジュートぞうり
茶系×赤ドット(M／24cm／幅9cm)

本体 フックドゥ 100%ナチュラルジュート(JT001 Cinnamon Taupe)／DMC 200cm×20本
鼻緒 ニット生地(赤)
前緒 コットン(黄色)

※1本取りで編む。

38 Tシャツのダイエットぞうり
トリコロール(SS／14cm／幅9cm)

本体 鼻緒・前緒 レディースM〜LサイズTシャツトリコロールボーダー柄1枚

※作り方はP.62〜参照。

34 着物ぞうり
マルチカラー(M／24cm／幅10cm)

本体 ウールの着物の身頃を縦に切る。幅7cm×12本
鼻緒・前緒 着物のつむぎ(紫)

※編みひもが長くて編みにくい場合は長さを半分に切る。
※生地を4つ折りにしてアイロンをかけ、P.84のポイントを参考に、編みひもを折りながら編む。

35 コットンぞうり
ヒョウ柄×赤(M／24cm／幅10cm)

本体 ヒョウ柄ブロード幅8cm×105cm(横裂き)×22本
鼻緒・前緒 むら染コットン(濃いピンク)

※ブロードは薄手なので幅を広めにする。
※生地を4つ折りにしてアイロンをかけ、P.84のポイントを参考に、編みひもを折りながら編む。

着古した半袖Tシャツ1枚で作れる！
ミニサイズのダイエットぞうり

オレンジ、グレー製作：加藤淳子
トリコロール、緑製作：市ノ瀬絵里子

グレー・緑
レディースM～LサイズTシャツ、各色を1枚使用。(SS/14cm/幅9cm)
※作り方はP.62～参照

　着古したTシャツ1枚をまるまる全部使ってできるのが、"足なか"タイプのぞうり。足なかとは、その昔農作業の時に使われていた、半分サイズのぞうりのことです。かかとを上げて履くため、ふくらはぎのむくみが取れたり、自然と体幹も鍛えられるということで、近年ではダイエットぞうりとして人気ですよね。かつて飛脚も履いていた!?　と言われるくらいホントにスタスタ歩ける抜群の足さばきも特長です。
　お子さんならジャストサイズで履けますよ。
家族みんなのTシャツを組み合わせたり、鼻緒だけ取りかえっこしたり、新しいTシャツリメイクを楽しんでください。

サンダル／クシッパシリーズ

「ささゆりの里布ぞうり研究会」考案のオリジナルスリッパ"クシッパ"のアレンジバージョンを紹介。クシッパS2は、一気にカバーまで編み上げるタイプ。クシッパS3は、後からカバーを付けるタイプ。身近な素材を使って、クシッパシリーズを作ってみましょう。

39 コットンサンダル
クシッパS2(M)

黒と赤のドット柄の組み合わせが印象的。しっとりとしたコットン生地が素足になじみ、履き心地は抜群！ 家族で揃えたくなるかわいらしさです。

製作：三宅弥生

40 コットンサンダル
クシッパS2(S)

41 リサイクル糸のサンダル
クシッパS3（M）

チェック柄のリサイクル糸を使用。張りのない編みひもで編む場合は、全体的にギュウギュウに詰めながら厚みを出すのがコツ。

製作：三宅明

42 コットン×ニットサンダル
クシッパS3(L)

ニット生地とコットンを組み合わせたタイプ。無地の中に柄の要素を少しプラスするだけでオリジナリティがアップします。

製作：三宅明

43 コットンサンダル
クシッパS2(M)

赤ベースのチェック柄とドット柄を組みわせたガーリーなデザイン。中芯入りの編みひもなので、カバーがしっかりと立ち上がります。

製作:大島瑠依

厚みのあるTシャツを使用。カバーのデザインは自由自在。自分の足の甲に合わせて、好きな数、間隔、高さにアレンジできるのが特長です。

製作：三宅明

44

サンダル（クシッパS2）レッスン

コットンなどの張りのある素材で作る規則的な格子模様が特長のサンダル。
つま先からカバー部分、かかとまで一気に編み上げます。

材料　※M/24cm／幅10cm、1足分

- **編みひも**
  コットン／幅5cm×270cm×6本、PPテープ／270cm×3本の1セット×6本（本体）
  コットン／幅5cm×130cm×2本、PPテープ／130cm×3本の1セット×2本（カバー）
  コットン／幅5cm×140cm×2本、PPテープ／140cm×3本の1セット×2本（アーチ）
- **編み芯（ソフトロープ6mm）／330cm×2本**
  ※330cmのロープの端を結び、二重にする。もしくは半分の長さに切り、それぞれの両端を結び、二重にする。

道具

- Cクランプ4個・ハサミ・手芸用かんし（もしくはピンセットなど）・ものさし・ペン
- **ひっくり返し棒**（問い合わせ先はP.96参照）

筒状の布をひっくり返し、その中にPPテープを入れることができる。

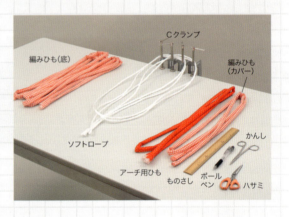

準備

- **コットンで編みひもを作る。**
  本体、カバー、アーチ、それぞれの長さのコットンを幅5cmにカットし、中表の二つ折りにする。縫い代を3mm取り、幅2.2cmの筒状になるようにミシンで縫う。ひっくり返し棒で表に返し、それぞれの編みひもの長さに合わせて3本をひとまとめにしたPPテープをひっくり返し棒で筒状の編みひもの中に通す。
  ※ピンセットでも代用可。

作り方

つま先を編む

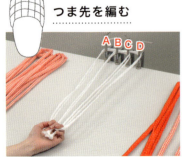

01 編み芯のロープ2本取りで、両端を固結びし、輪にする。Cクランプの棒にB→D→A→Cの順にロープをかけ、長さを揃えてロープの間に指をかける。

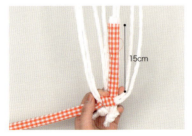

02 ロープの輪の下に本体用の編みひもを1本通し、ひも端を15cm程度残してロープに1回巻き付ける。

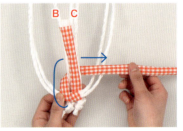

03 左側の編みひもをロープの輪の上に通し、ロープBCの下に通す。

04 編みひもを下側にしっかり引き、固定させる。

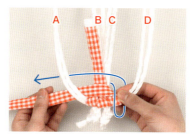

05 ロープの輪に1回巻き付けて折り返し、**03**のひも端とロープBCの上に通し、ロープAの下へくぐらせる。

06 下からロープAに巻き付け、引きすぎないよう指で押さえながらロープBCの下に通し、ロープDの上へわたす。

07 下からロープDに1回巻き付け、**03**のひも端とロープBCの上に通し、ロープAの下にくぐらせる。

08 **03**のひも端を後ろへ折り、下からロープAに1回巻き付け、ロープBの下、ロープCの上に通し、ロープDの下へくぐらせる。

09 3段編めたところ。こまめに指で手前に引きながら編み目を整えると、編み目が詰まりきれいに仕上がる。

アーチを作る

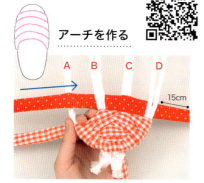

10 アーチ用のひもを1本用意。ロープAからDに向かって上→下→上→下と通し、ひも端を15cm程度残す。

11 ひも端をロープDに1回巻き付け、ロープDからAに向かって上→下→上→下と通し、ひも端をロープAの2本の間に挟んでゆるまないようにしておく。

12 本体の残りの編みひもを、ロープAの上へわたす。

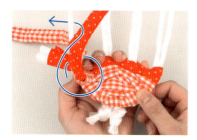

13 アーチのひもの上から1回巻き付け、内側からロープAの下にくぐらせる。

14 横から見たところ。

15 ロープAとアーチのひも端を下から1回巻き付け、ロープAからDに向かって上→下→上→下と通す。

16 アーチのひもをものさしで計り、11cmのところにペンで印を付ける（24cmサイズの場合）。

17 印の位置がロープDの内側にくるように指で押さえる。

18 ずれないように注意しながら、本体の編みひもをロープDの上に通し、アーチのひもの内側へ上からくぐらせる。

19 アーチのひもをひと巻きし、ロープDとアーチのひも下にくぐらせる。

20 ロープDとアーチのひもの上に通し、DからAに向かって上→下→上→下に本体の編みひもを通す。

ポイント

編みひもは、ロープADの輪郭部分は平たく、ロープBCの中央部分は指でつまんで半分に折って編むと編み目がきれいに揃います。慣れないうちは編みひもを左右に引っ張りすぎて幅が細くなりがちなので、こまめに足や手を入れて幅を確認しましょう。

21 同様にアーチのひもをロープに編み込みながら本体を2段編めたら、本体の編みひも下にアーチのひもを出す。

22 本体の編みひもをアーチのひもに1回巻き付け、内側からロープDの下にくぐらせる。

23 本体の編みひもをロープDからAに向かって上→下→上→下に通す。

24 アーチのひもをものさしで計り、13cmのところにペンで印を付ける（24cmサイズの場合）。

25 印の位置がロープAの内側にくるように指で押さえる。

26 本体の編みひもでアーチのひもを外側からひと巻きし、ロープAの内側に通す。

27 本体の編みひもをロープAからDに向かって、上→下→上→下の順に通す。

28 同様に本体の編みひもをDからAに向かって上→下→上→下の順に2段編む。

ポイント

編みひもが途中で足りなくなったら、ひも端をロープBCの間に差し込んで裏側に残し、新たな編みひもを編み目の上下の流れに沿って1段分差し込んで編み込みます。

かかとを編む

29 24〜28の手順を繰り返し、3段間隔でつま先から11cm、13cm、15cm、17cm、19cm（P.94参照）の計5本のアーチを立ち上げる。

30 アーチ5本目を立ち上げたら、本体を1段編み、編みひもを後ろに休め、アーチのひもをロープDからAに向かって上→下→上→下の順に通す。

31 アーチのひもをロープAからDに向かって上→下→上→下の順に通し、ロープDの上を通して後ろに休める。

32 休めていた本体の編みひもをロープDからAに向かって上→下→上→下の順に通す。

33 そのまま本体の編みひもで7段編む（24cmサイズの場合）。

34 本体の編みひもをロープCDに3回巻き付ける。
※編み終わりが左側のときは、左側のロープABに3回巻く。

35 Cクランプから本体を外し、つま先側のロープを左右交互にゆっくり引き、かかとを引き締める。

36 引き終わったあと、かかとの編み目が浮いていたら、ひもを裏側からしっかりと引っ張り編み目を整える。

 アーチの格子を編む

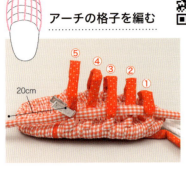

37 カバーの編みひも1本を用意し、①のアーチの根元から⑤のアーチに向かって下→上→下→上の順に通す。ひも端を20cm程度残し、⑤の根元にクリップなどで仮止めする。

ポイント 編み始めに、表側に縫い目が見えないようにカバーの編みひもを平らに折り、手にぐるぐると巻いておくと編みやすく、きれいに仕上がります。

38 つま先側の編みひもを折り返し、上→下→上…の順で交互に通す。

39 履き口で折り返し、同様に下→上→下…の順で編む。この手順を5回繰り返し、格子状に編む。

40 端まで編み終えたら、かんしを使い編み目を均等に整える。

41 仮止めしていた右側のカバーの編みひもを外す。

42 右側の⑤のアーチの上に編みひもを履き口に沿って折り返し、④のアーチの下に通す。

43 ④のアーチで折り返し、⑤のアーチの下に通す。

44 ④のアーチの立ち上げ部分にかんしを差し込む。

45 履き口の編み目を引きすぎないよう注意しながら、ひも端を引き出す。

46 裏から④のアーチの根元にかんしを差し込む。

47 ひも端を裏に引き抜く。左側も同様に処理する。

仕上げ・裏の始末

48 裏に返し、編み始めの編みひもの中のPPテープを底面ギリギリのところで切る。

49 ひも端を5cm程度残してハサミで切る。

50 ひも端から4〜5cm程度下の編み目からかんしを差し込み、ひも端を編み目の中に収める。

51 裏に残ったその他のひも端も同様に処理する。

52 編み芯の2本組みのロープの内側をそれぞれ根元ギリギリのところで切る。

53 残った外側2本のロープを20cm程度残して切り、固結びをする。

54 ロープ端を10cm程度残して切り、編みひもの布の余りをかぶせる。

55 かぶせた布の端をかんしなどでロープの根元に押し込んで隠す。

56 かんしを編み目に差し込み、54のひも端を目の中に引き抜いて収める。

57 残りの布を切る。もう片方も同様のプロセスで作ったら完成。

完成

サンダル（クシッパS3）レッスン2 （カバー後付け）

ソールを編んだあと、カバーを後付けする簡単仕様。
カバーの幅、間隔、本数とも自在にアレンジを楽しめます。

材料　※L／25cm／幅10cm、1足分

- 編みひも
  ニット生地／幅8cm×250cm×6本（本体）
  ニット生地／幅8cm×300cm×2本（カバー）
  コットン／幅10cm×150cm×2本（アーチ）
- 編み芯（ソフトロープ6mm）／330cm×2本
  ※330cmのロープの端を結び、二重にする。もしくは半分の長さに切り、それぞれの両端を結び、二重にする。

道具

- Cクランプ4個・ハサミ・手芸用かんし（もしくはピンセットなど）・クリップ（もしくは洗濯ばさみ）・ものさし・ペン・ひっくり返し棒

準備

- ニット生地を指定のサイズに切り、本体用とカバー用の編みひもを作る。
- 幅10cm×長さ150cmのアーチ用ひもを2本作る。
  幅10cm×長さ150cmのコットンを中央に向かって2回折りたたみ、中央から内側に折る。縁をミシンで縫い、幅1cm程度の編みひもにする。

※ニット生地で編むサンダルも、アーチの編みひもはコットンなどの張りのある生地を使う。

作り方

アーチを作る

01 P.82〜〈つま先を編む〉〈かかとを編む〉〈仕上げ・裏の始末〉を参照し、ソールを編む。

02 アーチ用のひもを1本用意し、ひも端を約15cm残し、かんしでつま先から約3cm下の右側に編みひもを通す。

03 アーチ①が12cmになるよう、アーチ①の左側から②の左側にかんしを挿し込み引き出す。

04 アーチ②が14.2cmになるよう、アーチ②の右側から③の右側にかんしを挿し込み引き出す。

05 同様に、6本のアーチが図のサイズになるようにわたし、ひも端を⑤の右側に出しておく。

[アーチ用のひもの通し方]

①②③④⑤⑥
スタート位置
15cm
15cm

右→左→右→左…と、ひもを渡していく。

------ 部分はアーチ用のひもを本体の中にくぐらせている

[各アーチの長さ]

3cm
①12cm
②14.2cm
③16.2cm
④18.2cm
⑤20.2cm
⑥22.2cm
2.5cm
2.5cm
9.5cm

3目間隔（約2.5cm）でアーチを立てる。

カバーを編む

06 カバーの編みひもを1本用意。半分に折って中央をアーチ①の中央にクリップなどで仮止めし、アーチの上→下→上→下→上→下に通す。

07 アーチ⑥で折り返し、①に向かって本体編みひもをアーチの上→下→上…と通す。

08 同様に右側を編む。指で編み目を中心に詰めながら、アーチの根元まで編みこむ。

09 仮止めしていたクリップを外し、左側も同様に、編み目を中心に詰めながら編み進める。

ポイント

ひもを引っ張りすぎるとカバーの幅が小さくなり、高さも出なくなるため、途中で手を入れてサイズを確認しながら編む。

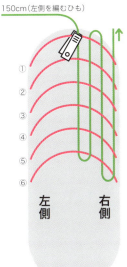

右側を編んだら、左側も同様に編む。

図のような流れでアーチのひも端をかんしで編み目にくぐらせ、ひも端を通すと、糸が抜けにくく、また履き心地もよくなる。

 仕上げ・裏の始末

10 アーチ①の左右の根元が見えなくなるまで編んだら、1目ずつ減らして4段編む。

11 アーチ⑥を上から2回巻きくるみ、アーチ⑤⑥の間に出す。

12 ひも端を⑤の上に通し、かんしでアーチ④、⑤の間に押し込み、ひも端を裏に出す。反対側も同様に処理する。

13 裏に残った2本のひも端をかんしで編み目の中に収める。このとき、図のようにコの字に通すと抜けにくくなる。

14 もう片方も同様のプロセスで作ったら完成。

クシッパS3
**アレンジ
いろいろ**

カバー2連はアーチ3本×2、カバー3連はアーチ2本×3となる。
カバーの太さやカバーの間隔はお好みで。
アーチの長さも、プロセスの途中で足を入れながら
自分仕様にサイズ調整しましょう。

カバー**2**連の場合（L／26cm／幅10cm）

※①〜⑥のアーチの
長さはP.88参照。

アーチ3本でひとつのカバーを作るバージョン。
カバーに厚みが出るのが特長。

44 P.80

カバー**3**連の場合（M／24cm／幅10cm）

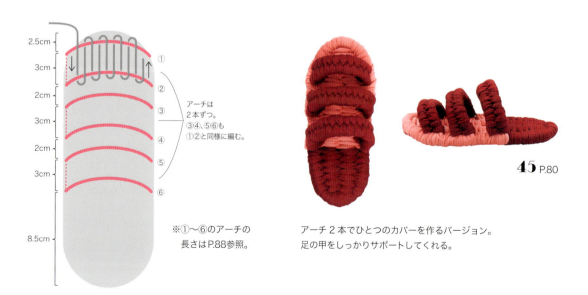

※①〜⑥のアーチの
長さはP.88参照。

アーチ2本でひとつのカバーを作るバージョン。
足の甲をしっかりサポートしてくれる。

45 P.80

サンダルの材料とポイント

〈サンダルの基本材料〉※細かいサイズはP.94〜原寸大型紙参照。

本体・カバー・編み芯／素材、サイズにより異なる。以下参照。
アーチ／すべてコットンを使用。作り方はP.88参照。

サンダルで使用する編みひもはスリッパでも使用できます。

※材料の分量は、素材(特にニット生地は伸縮性があるため)や力加減で異なるので、少し多めにご用意ください。

中芯あり とは
PPテープの入った
編みひも(布)のこと。
ひっくり返し棒(もしくはピンセットなど)を
使用して作る。

---

39 コットンサンダル
クシッパS2(M／24cm／幅9cm) 中芯あり

ドット柄コットン(黒)、ドット柄コットン(赤)
本体 幅5cm×270cm×6本(黒)、
PPテープ(270cm×3本)×6本
カバー 幅5cm×130cm×2本(赤)、
PPテープ(130cm×3本)×2本
アーチ 幅5cm×140cm×2本(黒)、
PPテープ(140cm×2本)×2本
編み芯 ソフトロープ(6mm)330cm×2本

43 コットンサンダル
クシッパS2(M／24cm／幅9cm) 中芯あり

ドット柄コットン(赤)、チェック柄コットン(赤)
本体 幅5cm×270cm×6本(チェック)、
PPテープ(270cm×3本)×6本
カバー 幅5cm×130cm×2本(チェック)、
PPテープ(130cm×3本)×2本
アーチ 幅5cm×140cm×2本(ドット)、
PPテープ(140cm×2本)×2本
編み芯 ソフトロープ(6mm)330cm×2本

40 コットンサンダル
クシッパS2(S／18cm／幅8cm) 中芯あり

ドット柄コットン(黒)、ドット柄コットン(赤)
本体 幅5cm×270cm×4本(黒)、
PPテープ(270cm×3本)×4本
カバー 幅5cm×100cm×2本(赤)、
PPテープ(100cm×3本)×2本
アーチ 幅5cm×90cm×2本(黒)、
PPテープ(90cm×2本)×2本
編み芯 ソフトロープ(6mm)300cm×2本

44 2連カバーサンダル
クシッパS3(L／26cm／幅10cm)

ニット生地緑・紺、コットン(アーチ)
本体 幅8cm×200cm×4本(緑)、幅8cm×200cm(紺)
カバー 幅8cm×400cm×4本(紺)
アーチ 幅10cm×160cm×2本
編み芯 ソフトロープ(8mm)175cm×2本

※アーチ用のひもは、コットンを8重に折り重ねてミシンをかけ、幅1cm程度にする(P.88参照)。

41 リサイクル糸のサンダル
クシッパS3(M／24cm／幅9cm)

フックドゥ ズパゲッティ／DMC、コットン(アーチ)
本体 幅3cm×300cm(2本取り)×6本
カバー 幅3cm×360cm×2本
アーチ 幅10cm×160cm×2本
編み芯 ソフトロープ(6mm)330cm×2本

※アーチ用のひもは、コットンを8重に折り重ねてミシンをかけ、幅1cm程度にする(P.88参照)。本体用の編みひもは2本取りで編む。

45 3連カバーサンダル
クシッパS3(M／24cm／幅10cm)

ニット生地ピンク・エンジ、コットン(アーチ)
本体 幅8cm×200cm×4本(ピンク)、
幅8cm×200cm×2本(エンジ)
カバー 幅8cm×150cm×6本(エンジ)
アーチ 幅10cm×150cm×2本
編み芯 ソフトロープ(8mm)175cm×2本

※アーチ用のひもは、コットンを8重に折り重ねてミシンをかけ、幅1cm程度にする(P.88参照)。

42 コットン×ニットサンダル
クシッパS3(L／26cm／幅10cm)

ニット生地黒・グレー、コットン(アーチ)
本体 幅8cm×200cm×4本(黒)、
幅8cm×200cm×2本(グレー)
カバー 幅8cm×300cm×2本(黒)
アーチ 幅10cm×160cm×2本
編み芯 ソフトロープ(8mm)175cm×2本

※アーチ用のひもは、コットンを8重に折り重ねてミシンをかけ、幅1cm程度にする(P.88参照)。

コラム 3

ぞうりと同じ編み方でミニサイズができる！キーホルダーやバッグチャームに。

布ぞうりを作るにはちょっと細すぎたり、短かすぎる……。そんな残り毛糸や布ぞうりの余り糸などがある場合は、ミニミニぞうりを作ってみませんか？　作業手順は布ぞうりと同じですが、このサイズなのでちょこっと編めばあっという間に作れます。

余り糸の再利用になるし、なによりかわいいので気軽なプレゼントにぴったり！　お子さんのバッグやリュックなどに付ければ「無事に帰れますように」とのお守りにもなりそうです。

ペパーミント：
フックドゥ リボンXL
(Happy Mint)／DMC

ピンク：
フックドゥ ベビーズパゲッティ／DMC

ホワイト：
極太毛糸（著者私物）

布ぞうり (M/23cm) 原寸大型紙
※目安としてご利用ください。

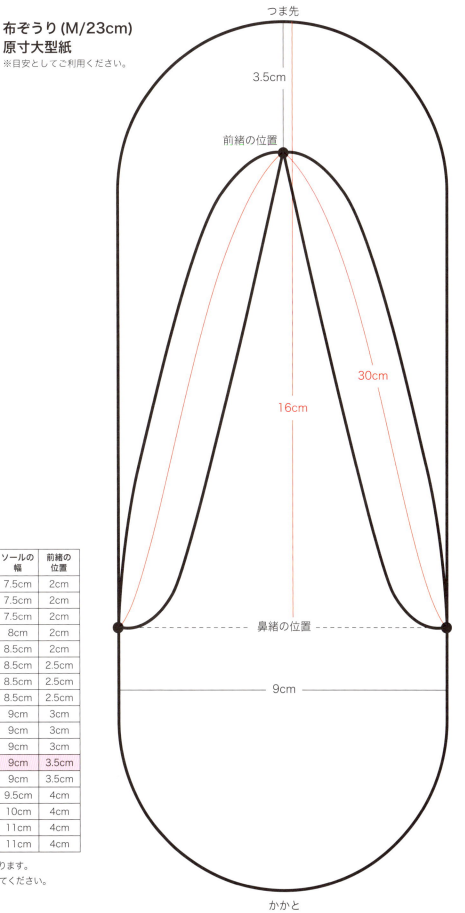

布ぞうりのサイズ表

	ぞうりのサイズ	鼻緒の芯の長さ	鼻緒の位置	ソールの幅	前緒の位置
SS	12cm	19cm	8cm	7.5cm	2cm
SS	13cm	20cm	8cm	7.5cm	2cm
SS	14cm	21cm	9cm	7.5cm	2cm
SS	15cm	22cm	10cm	8cm	2cm
S	16cm	23cm	11cm	8.5cm	2cm
S	17cm	24cm	11cm	8.5cm	2.5cm
S	18cm	25cm	12cm	8.5cm	2.5cm
S	19cm	26cm	13cm	8.5cm	2.5cm
S	20cm	27cm	14cm	9cm	3cm
S	21cm	28cm	15cm	9cm	3cm
M	22cm	29cm	15cm	9cm	3cm
M	23cm	30cm	16cm	9cm	3.5cm
M	24cm	31cm	17cm	9cm	3.5cm
L	25cm	32cm	18cm	9.5cm	4cm
L	26cm	33cm	19cm	10cm	4cm
L	27cm	34cm	20cm	11cm	4cm
L	28cm	35cm	20cm	11cm	4cm

※使用する素材によって数字が変わります。
 各数字の位置は原寸大を参考にしてください。

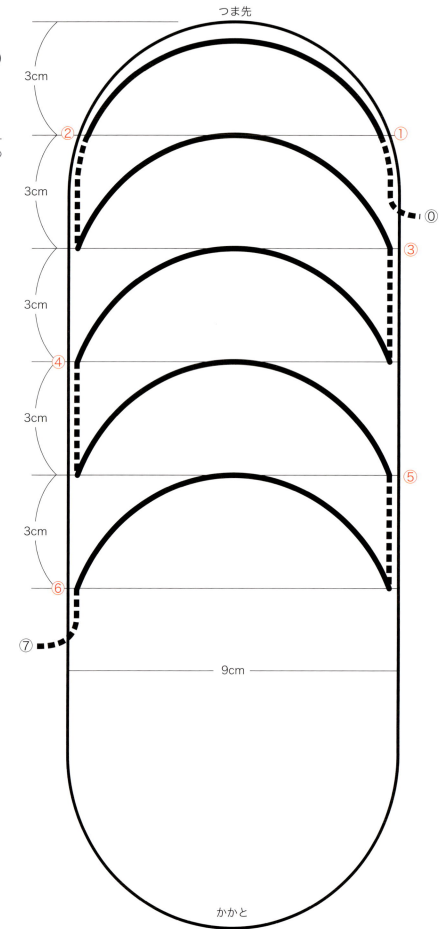

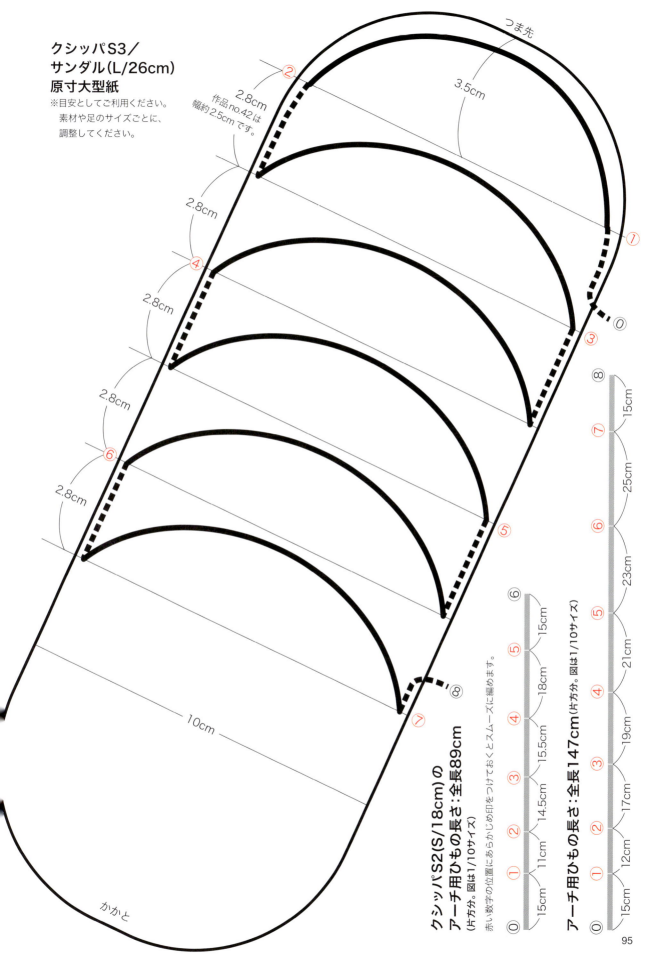

市ノ瀬絵里子

2001年"布ぞうり工房禅蔵"を立ち上げ「贈物にできる」をコンセプトに教室と販売を始める。2003年関東各地のカルチャーセンターで講座を開講。2009年『こんこんぞうり・布ぞうり』出版を機にこんこんぞうりの製作、講習も始める。2014年フランス・パリで開催された「ジャパンエキスポ」に出展。アメリカ南カルフォルニアでの講習会開始。2016年DVDとテキスト『こんこんぞうりのヨコスカスリッパ』自費出版。群馬県の伝統工芸品の雪靴「こんこん草履」をルームシューズ「ヨコスカスリッパ」にアレンジし貴重な技術の継承をライフワークとして活動中。横須賀市在住。

〈木型・作業台の問い合わせ先〉
布ぞうり工房禅蔵
http://zenzou.saloon.jp
TEL&FAX 046-841-3960
eriko_i@tbp.t-com.ne.jp

編集	武智美恵
デザイン	伊藤智代美
撮影	天野憲仁
動画	島根道昌、天野憲仁
制作協力	佐倉光
撮影協力	山本実奈
	坂本新汰
	サカモトタカシ
素材提供	ディー・エム・シー株式会社
	〒101-0035
	東京都千代田区神田紺屋町13番地 山東ビル7F
	TEL 03-5296-7831
	www.dmc.com

製作協力

布ぞうり
石澤幸枝　入内嶋安芸　大峡幸枝
加藤淳子　川崎光子　斎藤圭子
土屋琴美　西谷陽代　村上敏子
柳タケ子

(株)きもの丸富

サンダル(クシッパシリーズ)
三宅明　三宅弥生
大島瑠依(動画)
(ささゆりの里 布ぞうり研究会)

〈ひっくり返し棒の問い合わせ先〉
ささゆりの里 布ぞうり研究会
TEL&FAX 0573-52-2960
mallet-s@onsen.enat.jp

ささゆりの里 布ぞうり研究会
岐阜県恵那市串原で2006年に発足。布ぞうりの製作、販売、教室などを行う。串原×スリッパ＝クシッパと名付けた作品を考案し、現在では種類が増えシリーズ展開している。2007年から「全国布ぞうりコンテスト」を主催、2014年からは福島支援コンテストを開催し、現在も継続中。

印刷物のため、作品の色は実際と違って見えることがあります。ご了承ください。本書の一部または全部をホームページに掲載したり、本書に掲載された作品を複製して店頭やネットショップなどで無断で販売することは著作権法で禁じられています。

みんなのルームシューズ

2019年7月10日　第1刷発行
2020年3月20日　第2刷発行

著　者	市ノ瀬絵里子
発行者	吉田芳史
印刷・製本所	株式会社 光邦
発行所	株式会社 日本文芸社
	〒135-0001 東京都江東区毛利2-10-18
	OCMビル
	TEL 03-5638-1660（代表）

Printed in Japan　112190626-112200305Ⓝ02　(200016)
ISBN978-4-537-21701-8
URL https://www.nihonbungeisha.co.jp/
©Eriko Ichinose 2019
（編集担当 牧野）

乱丁・落丁本などの不良品がありましたら、小社製作部宛にお送りください。送料小社負担にておとりかえいたします。法律で認められた場合を除いて、本書からの複写・転載（電子化含む）は禁じられています。また、代行業者等の第三者による電子データ化及び電子書籍化は、いかなる場合も認められていません。